AF390874

MARIE PIGEONNIER

PARIS. — IMPRIMERIE NOUVELLE (ASSOC. OUVRIÈRE), 11, RUE CADET.

G. MASQUIN, DIRECTEUR.

LA VIE

DE

MARIE PIGEONNIER

PAR

UN DE SES ***

—

PRÉFACE

DE J. MICHEPIN

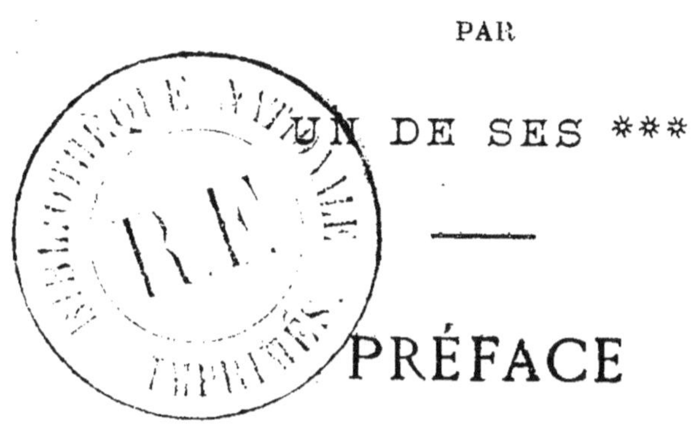

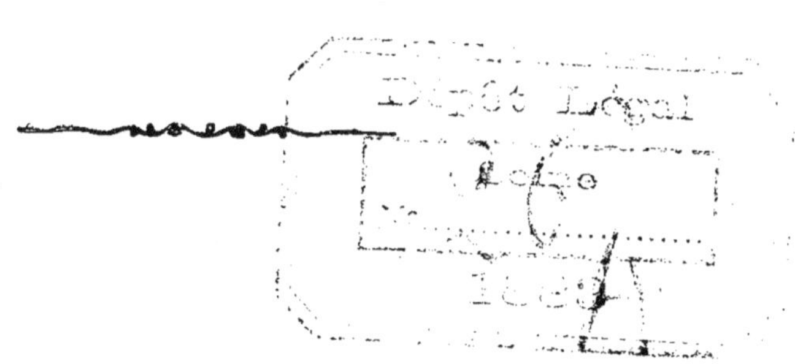

PARIS

20, RUE DU CROISSANT, 20

—

1884

PRÉFACE

A l'auteur de ce livre.

Vous dire sur votre roman mon opinion sincère est chose assez embarrassante.

Je prends d'abord une feuille de beau colombier glacé pour y coucher tout le bien que je pense de votre *Marie Pigeonnier*.

D'abord l'impression me paraît convenable. Ceci s'adresse aux typographes qui, dans l'espace de huit heures, ont composé, mis en pages et mis sous presse ce volume qui va faire le tour du monde.

Ma foi, pourquoi ne pas vous le dire tout de suite, puisque je le pense : mon cher, vous avez fait un pur chef-d'œuvre.

Il est probable que l'Académie, sans goût et sans flair, oubliera de couronner cet ouvrage ; cela vous est bien égal.

Vous vous consolerez de ce mépris en relisant la vie de Molière et en vous souvenant d'Alexandre Dumas et de Théophile Gautier.

Le devoir de tout bon préfacier est de se tailler un paletot dans le drap de celui qu'il préface.

Donc, je profite de l'occasion pour faire savoir à vos lecteurs que si vous êtes un écrivain de génie, moi, j'en suis un autre.

Parole d'honneur, j'avais oublié que je vous avais promis une préface; vous vous en êtes souvenu, je vous remercie de m'avoir rappelé mes engagements.

Parce que, votre livre devant avoir soixante-dix-neuf éditions au moins, cela me sortira de l'obscurité, et je trouverai plus facilement un éditeur pour le volume que je me propose d'écrire.

Bien nouveau encore dans le monde littéraire, j'ai besoin d'être pistonné pour arriver; vous me fournissez l'occasion de faire connaître mon nom aux populations palpitantes, et je le dis sans pose, ce nom sera glorieux, et les populations futures ne le prononceront qu'avec admiration.

Puisque vous jugez indispensable un bout d'introduction, souffrez qu'après vous avoir remercié de l'immense honneur dont vous m'écrasez, je m'acquitte en quelques lignes de ma besogne.

Il est malaisé de parler des livres des camarades.

Evidemment, les éreinter laisse supposer de la jalousie ; en dire du bien, cela ressemble à un échange de bons procédés ; c'est un « prêté » pour un « rendu ».

On peut s'en tirer avec de l'esprit, et parler, par exemple, de Voltaire, de Diderot ou du chocolat Ménier ; mais on laisse croire alors qu'on n'a pas même pris la peine de lire le volume.

J'affirme que j'ai dévoré le vôtre, à l'imprimerie, sur épreuves.

Eh bien ! sérieusement, j'en tressaille encore.

De la première ligne à la dernière, ce n'est qu'un long trait d'esprit.

Par ce temps « d'engueulement » et de « poissardise », je vous approuve d'être spirituel. Ah ! ne l'est pas qui veut ; c'est bête, ce que je dis là, mais c'est très profond.

Quelle science de l'anecdote ! Comme vous contez avec verve et facilité ! Quel style à la fois flamboyant et mordant.

Votre livre restera comme une magnifique page de l'histoire de notre époque.

Ce roman est vécu ; il est fait avec de solides matériaux qui sont des documents humains.

Marie Pigeonnier résume ce type complexe de la femme vicieuse d'aujourd'hui, et si, dans la nature, elle n'existe pas aussi complète, du moins en retrouve-t-on les morceaux épars dans les ruisseaux, sous les lambris dorés, dans les bouges et dans des lieux plus saints, et de ces morceaux vous avez fait un tout qui vous placera au premier rang des physiologistes.

Dans votre héroïne, on retrouve dix femmes, mais vous avez en elle synthétisé et non photographié une généralité mondaine, qui est en quelque sorte le produit de notre badauderie, de notre naïveté, de notre sottise.

Là-dessus, je vous serre la main, en souhaitant que vous ne vous en teniez pas à ce chef-d'œuvre, car je suis sûr que vous en avez bien d'autres dans le ventre.

De toute amitié,

J. MICHEPIN.

Paris, 28 décembre 1883.

AVANT-PROPOS

Je déclare, de la façon la plus formelle, qu'il n'y a rien de vrai dans ce que je vais raconter.

Tout est inventé, et l'on perdrait son temps à vouloir découvrir dans les personnages s'agitant autour de Marie Pigeonnier des personnalités plus ou moins vivantes.

Je serais surtout désolé qu'une certaine individualité parisienne, amie du scandale lucratif, se reconnût dans cette Marie Pigeonnier, qui est une figure purement imaginaire; il me serait pénible qu'elle pensât que je publie ces quelques pages pour lui être désagréable.

Dans un roman, si mauvais qu'il soit, il

se trouve toujours des chapitres tellement vraisemblables qu'on les croirait empruntés à la vie réelle ; aussi, avant de commencer le récit de cette existence bizarre et malhonnête, je tiens à rassurer les personnes qui inclineraient à y voir des allusions blessantes et des révélations douloureuses.

Afin d'éviter une méprise qui pourrait m'attirer des coups de fouet et avoir des conséquences dramatiques, j'affirme que je raconte simplement un rêve que j'ai fait la semaine dernière.

Donc, point de malentendu possible, si la demoiselle en question lit cette naïve histoire, elle devra éviter avec soin de se reconnaître dans le portrait de mon héroïne, Marie Pigeonnier.

Et maintenant, comme au théâtre, je crie : Au rideau !

LA VIE

DE

MARIE PIGEONNIER

I

Fleur d'oranger.

Quel jour néfaste ce fut que celui où je rencontrai cette femme !

Elles ne sont pas d'hier pourtant ses vilenies, mais elles furent si malpropres, qu'elles me torturent encore quand je me surprends à y songer.

Pourtant je ne me suis pas vengé.

C'était il y a trente-cinq ans ; elle était gentille alors, mais ce n'était pas une beauté. Elle pouvait entraîner derrière elle des besoigneux d'amour, elle ne pouvait pas attacher un cœur bien longtemps.

C'était une fleur à sentir en passant et qu'on ne cueillait pas.

Elle plaisait beaucoup, elle était appétissante, voilà tout.

Parole d'honneur, il me semblait que je l'aimais, et je le jurais à qui voulait m'entendre.

J'étais jeune, cela faisait rire.

Longtemps je fus l'esclave de Marie Pigeonnier, esclave aveugle, hélas ! car elle me trompait sans le moindre scrupule.

Mais ce n'est point le récit de mes amours que j'ai annoncé, c'est celui de la vie de cette femme qui peut-être a oublié aujourd'hui que je fus son amant, c'est d'elle et non de mes souvenirs amoureux que je veux vous parler.

II

Beaux débuts.

Marie Pigeonnier, fille d'un ramier et d'une colombe, est née, à ce qu'elle prétend, non loin des Batignolles, assez près de Montmartre ; la vérité, c'est qu'elle est Belge : de la contrebande alors.

Arrivée à l'âge où l'esprit vient aux filles, elle étudia ses aptitudes, ses charmes, et pesa ses chances de succès dans la carrière de la galanterie.

Une camarade lui indiqua comme moyen rapide et pratique les planches d'un théâtre.

Assurément, elle montrait quelques dispositions.

Marie ne pouvait manquer de faire son chemin au théâtre, du moins on le lui assura.

Et puis, la scène relève toujours une femme, c'est pour un grand nombre un trottoir en bois où la cote est plus sérieuse qu'au coin de la rue.

Marie débuta donc.

On la vit cabotiner pendant quelques années, n'ayant aucune prétention artistique et ne se préoccupant que du monsieur inconnu qui devait l'attendre à la sortie.

Mais, de même que l'appétit vient en mangeant, l'ambition vient en cabotinant.

La jeune Pigeonnier, grisée par un petit succès qu'elle obtint dans une scène de revue de fin d'année, ne se contenta plus de quelques répliques qui lui permettaient de montrer ses dents, et d'une courte apparition qui lui laissait juste le temps de lancer des œillades aux fauteuils d'orchestre; elle se crut de l'herbe dont on fait les étoiles, et dès lors se posa en comédienne de grand avenir.

A partir de ce moment, son caractère se modifia, ou plutôt s'accentua.

Le démon de l'envie la mordit aux entrailles.

Elle se montra féroce pour quiconque

réussissait auprès d'elle, et toute camarade osant avoir l'ombre de talent devenait pour elle une ennemie, qu'elle poursuivait partout de sa haine.

III

Premier pigeon.

Laissons pour l'instant la femme de théâtre, nous la retrouverons plus tard, et soulevons le rideau de batiste qui cache si mal sa vie privée.

Femme intrigante au delà de toute expression, elle a vu défiler dans sa chambre à coucher les célébrités les plus variées appartenant à la finance, aux lettres, au théâtre, aux beaux-arts, à la politique et à la diplomatie.

Elle a donné l'hospitalité à quelques chevaliers d'industrie, à des espions étrangers, et même à des gens honnêtes.

Lâche, et de cette manière dont l'est une femme quand elle veut l'être, elle a presque toujours frappé dans l'ombre avec des armes empruntées au favori du jour ; c'est ce que nous aurons plus loin l'occasion d'expliquer et de prouver.

Si la pudeur lui faisait défaut, en revanche elle ne manquait ni d'aplomb, ni d'effronterie.

Adroite en affaires, elle a, commercialement parlant, fort bien exploité ses dons de jeunesse.

Un homme ayant une belle situation dans le monde, à la tête d'une assez grande fortune, avait eu la faiblesse de correspondre par la poste avec elle ; d'une plume trop irréfléchie, il lui écrivit un jour qu'il n'oublierait jamais qu'elle lui avait tout sacrifié et que son amour serait éternel.

Marie Pigeonnier avait su persuader au malheureux garçon qu'il était sa... première faute, et qu'elle lui restait fidèle dans l'attente d'une réparation dont elle était certainement digne.

Les événements poussèrent cet amoureux dans les hautes régions, si bien que sa liaison menaçait d'être une entrave à sa carrière.

Un beau mariage se présentait pour lui.

Il crut pouvoir négliger la fraction de son passé qui se nommait Pigeonnier.

Quand la pauvre délaissée reçut dans l'estomac la nouvelle de ce mariage, elle eut une crise nerveuse, en pleine représentation ; cela fit événement, et toute la presse parla d'elle ; ce fut le point de départ de sa réputation.

Elle laissa publier dans un petit journal la narration de sa lamentable aventure.

Le *coupable*, le *séducteur* fut désigné par des initiales tellement transparentes que son nom vint sur toutes les lèvres.

Et puis, elle lui avait fait savoir qu'elle se tuerait aux pieds de l'autel où se consacrerait cette union qui la désespérait.

Il y avait de quoi inquiéter le jeune homme, et il se demandait de quelle façon il se tirerait de ce mauvais pas, lorsque, par hasard, oh ! absolument par hasard, il fit la rencontre d'une vieille femme qui s'intéressa à lui, et lui offrit ses bons conseils et au besoin ses services.

La vieille femme fit pendant quelques jours la navette entre Marie et son amant, et conduisit si bien les négociations que trois semaines plus tard, le mariage se célébrait et que le soir même l'actrice arriva pour la première fois au théâtre dans une voiture à elle et parut en scène avec une superbe parure de diamants qu'elle porta depuis plusieurs fois au Mont-de-Piété, car elle eut comme toutes ses pareilles ses hauts et ses bas.

Les mauvais jours toutefois sont passés depuis longtemps, et elle jouit à présent d'une aisance laborieusement acquise.

Après ce bel exploit, elle n'eut plus qu'un but, faire fortune, et, pour cela, tous les moyens lui furent bons.

IV

Candeur et Rouerie.

Comprenant que le théâtre ne serait jamais pour elle qu'un couvre-marchandise, et que sa qualité d'artiste dramatique lui assurerait une plus libre circulation à travers le monde qu'elle se proposait d'exploiter, elle se contenta de se montrer sans se prodiguer, de façon à conserver un certain prestige.

Elle fut surtout bonne comédienne chez elle.

Habile à s'introduire partout, elle sut aussi ouvrir sa porte à propos.

Dans son salon, qui n'est séparé de sa chambre à coucher que par une portière en tapisserie presque transparente, elle reçoit pêle-mêle et ses adorateurs et ses faiseurs d'affaires.

Du reste, il convient de lui accorder une

certaine activité, et ce genre d'intelligence, qu'on trouve chez les êtres dépourvus de sens moral et dévorés du besoin de faire du bruit profitable, sans s'inquiéter des honnêtes gens qu'ils éclaboussent, capables en un mot de toutes les infamies derrière lesquelles on peut ramasser quelques billets de mille, capables aussi de toutes les lâchetés que l'envie inspire aux impuissants et aux ratés.

Marie Pigeonnier est une ratée et une impuissante ; elle en a conscience, c'est ce qui fait sa force et explique la haine dont elle poursuit les arrivés et les applaudis.

Elle a tant de fiel que le jour où elle ne pourrait plus le cracher, elle en crèverait.

N'est-il pas naturel qu'elle tienne à la vie ; il ne faut donc pas s'étonner que pour la conserver, elle vomisse le poison qui la tuerait.

Comme elle se souvient du temps où elle n'avait qu'une paire de bas, avec des reprises, et qu'elle lavait avant de se coucher, elle se méfie de la misère ; c'est pourquoi, décidée à faire argent de tout, elle vendit assez cher plusieurs fois à des imbéciles (j'étais du nombre), ce que les deux vieillards voulaient ravir à la chaste Suzanne.

Elle avait pour cela un truc ingénieux qui permettait l'illusion ; mais, quand il fut de notoriété publique que ce n'était plus qu'une fraude, elle fut bien forcée d'avouer que la plus belle Belge du monde ne pouvait donner que ce qui lui restait.

Il est vrai que Marie Pigeonnier est très forte dans l'art d'accommoder les restes.

Ici se place une anecdote difficile à raconter ; je vais essayer pourtant, et de façon à n'être compris que de ceux qui ont fréquenté ma frivole et cupide maîtresse.

V

Cruelles conséquences de la dèche.

Un de ses clients venait de mourir subitement, sans avoir eu le temps de lui faire parvenir une somme de 3,000 fr. sur laquelle elle comptait pour régler un tapissier impitoyable.

Elle avait beau se retourner, aucun de ses amis n'était en mesure de lui venir en aide.

Le jour de la saisie approchait.

Il fallait succomber.

Un comte, inconnu à cette époque, mais qui depuis s'est acquis une de ces lamentables renommées dans des circonstances que la pudeur ne permet pas de rapporter ici, eut connaissance de la détresse de Marie Pigeonnier.

Il nourrissait pour elle secrètement une

étrange passion, mais il n'avait jamais osé lui en faire l'aveu.

C'était d'ailleurs très délicat, l'embarras du comte se concevait facilement.

Le moment lui sembla propice.

Une femme qui a besoin absolument de trois mille francs est vaincue d'avance.

Cependant elle opposa aux propositions du comte une résistance, indignée d'abord, plus calme ensuite et enfin assez timide.

Un soir, à l'heure du diner, la concierge monta à Marie un papier timbré et une petite affiche; la vente devait être opérée dès le lendemain matin.

Que vouliez-vous qu'elle fît?

Qu'elle mourût.

Mais j'ai dit qu'elle tenait à la vie.

C'est égal, il s'agissait d'un sacrifice pénible.

Et cela d'autant plus qu'elle souffrait alors d'une affection, rarement dangereuse, mais très douloureuse, que la médecine ne guérit pas, et que l'on calme un peu avec du beurre de cacao.

Et puis, c'était un outrage sanglant; il est vrai qu'elle le recevrait à huis-clos et que le comte avait juré d'être discret

Comme cet homme la mépriserait après; et puis, s'il lui prenait un jour la fantaisie de publier sa honte; un personnage capable d'une aussi basse action était aussi capable de s'en vanter.

Enfin, c'était à prendre ou à laisser.

Il valait mieux prendre; au surplus ces trois mille francs qui la sauvaient seraient vite gagnés.

Elle se résigna donc à introduire le comte dans sa chambre à coucher; et soulevant, d'une main tremblante, le rideau, elle lui dit :

— Donnez-vous donc la peine d'entrer, mon cher comte.

— Dites le plaisir, car c'est le paradis que vous m'ouvrez; ô suprême volupté.

Le comte déposa les trois mille francs sur la table de nuit, prêt à les reprendre au cas où Marie Pigeonnier ne s'exécuterait pas.

Celle-ci, glacée d'effroi, enfonça sa tête dans l'oreiller comme pour se cacher à elle-même l'horreur qui allait se peindre sur son visage.

Elle ne voulait pas se voir rougir.

L'assaut fut terrible.

Le comte était une brute, au fond; propriétaire de bestiaux, il traitait les femmes avec la même dureté que ses produits.

Marie Pigeonnier, dans l'attitude d'une victime qui met sa tête sur le billot, attendait dans des transes épouvatables la hache du bourreau.

La minute fatale arriva.

Marie était haletante; elle suffoquait.

Ce fut un atroce déchirement.

Elle poussa un cri de douleur, le comte un soupir de bonheur. Il avait fouetté une femme, il se pâmait.

Enfin l'outrage était consommé; il fut sanglant, c'est vrai, mais l'argent était gagné.

Il arriva qu'on parla au comte de son aventure, ça le flattait, mais il répétait toujour avec une grimace :

— « Cette relation m'a procuré un agrément peu ordinaire ; mais j'y ai mis le prix. Je regrette de n'avoir pas marchandé. »

Je ne m'étendrai pas davantage sur cette triste phase d'une existence toute semée de roses, avec quelques épines par ci par là.

VI

Infirmités morales et physiques.

Elle raille la maigreur de certaines femmes, par malheur son obésité lui cause un chagrin qu'elle oublie parfois de dissimuler; le dépit l'inspire mal.

Mais ce n'est pas seulement son embonpoint qui la navre, la maturité arrive à grands pas avec son cortège hideux d'infirmités et de dégradations physiques.

Sa femme de chambre, sans s'inquiéter du préjudice qu'elle cause à sa maîtresse, raconte à toutes les commères du quartier que Marie Pigeonnier possède un magnifique râtelier qui ne lui a pas coûté moins de quarante louis, et qu'elle en a commandé un de rechange.

Où la contrebande va-t-elle se nicher; la même femme de chambre assure encore que notre suave héroïne a des faux cheveux partout. On n'est pas Belge pour rien, sais-tu.

Je glisserai sur une particularité qui m'a été affirmée, mais dont je n'ai pu me procurer la preuve; qu'on ne s'étonne pas si je me borne à la signaler.

Cela ne date pas de loin; quatre ans au plus.

On la voyait partout avec une créature étrange et qui lui marquait un profond attachement.

Les méchantes langues racontaient à ce sujet des choses vraisemblables, d'autant qu'à la même époque Marie Pigeonnier affectait d'éviter la société masculine.

Cela ne serait pas bien grave, et loin de moi la pensée de lui en faire un crime.

Ce ne fut d'ailleurs, si toutefois cela a été, qu'une crise un peu prolongée; une erreur, un égarement de quelques mois.

Elle est refroidie aujourd'hui, et puis comme elle a un vieux fond d'avarice, l'intérêt l'a emporté sur la... gourmandise.

Par exemple, je n'ai jamais rencontré un type aussi accompli d'avare-prodigue.

Non pas qu'elle jette l'argent par les fenêtres, au contraire, elle l'enferme dans un secrétaire orné d'une belle serrure de sûreté.

Alors, me direz-vous, de quelle manière se manifeste sa prodigalité?

D'abord, c'est un vrai souillon et le désordre de sa garde-robe est une mine inépuisable qui fait la joie et la fortune de ses femmes de chambre.

Elle dépense beaucoup pour sa toilette, et voyez-la passer sur le boulevard, on dirait un torchon; les cuisinières bourgeoises s'habillent mieux et avec plus de goût qu'elle; je l'ai vue dernièrement à une première, elle avait l'air de ma concierge endimanchée. Autrefois elle se ficelait mieux.

Quelques bijoux de valeur, qu'elle sort rarement, la rehaussent aux yeux de ses habitués.

Cependant elle a eu ses heures de coquetterie, et je l'ai connue appelant à son secours pour charmer, et la dentelle, et les broderies, et la soie, et le velours.

Aujourd'hui les belles choses lui vont à peu près comme un habit de diplomate à un âne.

Une femme grasse est difficilement gracieuse, on en rencontre pourtant, mais cet oiseau est rare, et Marie Pigeonnier se ballonne à vue d'œil.

Ses intimes lui ont conseillé de faire de l'équitation; mais depuis son aventure des 3,000 francs, elle ne peut se tenir en selle.

Son médecin lui a prescrit l'escrime. Hélas! elle ne peut se fendre.

Si elle veut m'écouter, elle maigrira en une année à rendre des points à sa bonne camarade ***; elle n'a pour cela qu'à suivre un régime peu compliqué, et en même temps peu dispendieux; le voici : se purger tous les matins, excepté le dimanche; déjeuner à deux heures de l'après-midi avec trois sous de lentilles; boire un verre d'eau distillée; faire une promenade de deux heures dans les égouts; souper avant de se coucher avec des radis et du sel; dormir sur un sac de noix; à part cela ne se refuser aucune satisfaction.

Que le lecteur me pardonne cette plaisante divagation, si j'ai cédé à un mouvement de gaieté, c'est que vraiment je ne puis garder mon sérieux, quand, par la pensée je me représente Marie Pigeonnier se serrant dans son corset.

A présent, je reprends le ton grave qui convient à une biographie scrupuleusement écrite.

A nous la plume de Châteaubriand!

VII

Le Repentir au couvent.

Comme toutes les âmes tourmentées par les remords, ravagées par les âcres souvenirs, celle de Marie Pigeonnier eut son heure de profonde désespérance.

Bien souvent, en s'endormant, elle souhaitait que ce fût son dernier sommeil.

Elle eut souvent l'idée du suicide; elle fit à différentes reprises des préparatifs pour se donner la mort. Au moment décisif, le courage lui manquait, et, d'un autre côté, elle avait au fond du cœur une forte provision de haine à écouler.

La rage la soutenait; mais comment l'assouvir?

Désabusée, ne croyant plus à des jours meilleurs, elle fit des démarches pour entrer dans un couvent.

Quand la fille de joie voit venir la pâle vieillesse, elle se fait nonne.

Marie ne se sentait pas trop de vocation pour le repentir ; cependant elle crut qu'avec quelques efforts elle pourrait, comme Madeleine, trouver grâce devant le Seigneur.

Avec cette activité dont j'ai dit qu'elle était capable, la voici mettant en mouvement toute la dévotion toujours prête à ouvrir le bercail aux brebis égarées.

La cabotine s'occupait aussi fiévreusement de mettre ce projet à exécution que la veille elle s'agitait pour obtenir un engagement aux Bouffes ou aux Folies.

Décidément elle était née pour le cloître.

Restait à choisir l'ordre dont le costume conviendrait le mieux à son genre de beauté.

Elle se décida pour les Carmélites.

Grâce à ses relations, elle reçut de la supérieure un bienveillant accueil. Toutefois, après avoir examiné le passé et le caractère de la future sœur, elle lui fit comprendre, avec la plus parfaite douceur, que sa place était bien mieux indiquée au couvent des filles repenties.

Marie Pigeonnier ne goûta point cette appréciation.

Cependant, chrétienne résignée, elle alla frapper à la porte de l'asile saint des filles repenties.

On l'admit sans difficulté, grâce à de hautes recommandations.

Elle vécut là dans la pénitence et l'austérité.

Ses intentions étaient bonnes; elle manquait de foi; cependant à la longue elle pouvait s'endurcir dans la pratique de la religion et se soumettre à la discipline expiatoire de la maison.

L'ordinaire était maigre, le lit peu moelleux, le travail pénible; il fallait se lever avant le soleil, et ne se coucher qu'après de longues prières à genoux sur des dalles de granit; cela n'était pas gai tous les jours, et Marie regrettait souvent ses coulisses, son alcôve et sa chaise longue.

Aussi, ne pouvant s'habituer à ce dur

régime, elle renonça au salut de son âme, préférant le bien-être de son corps.

Le seul régal des filles repenties consistait le dimanche en une portion de lapin, et la pauvre Pigeonnier avait pour le lapin une répulsion qui datait de ses débuts dans la vie théâtrale. Elle n'en avait que trop mangé.

Lasse de se repentir, l'impatiente Madeleine s'évada de cet enfer dans lequel elle devait gagner le paradis.

Elle se réfugia chez un juif qui avait tenté de la dissuader de ses velléités religieuses; il lui ouvrit sa porte et ses bras; il la consola, et pendant quelque temps chez lui elle se refit l'estomac légèrement abîmé par les privations du couvent.

Son protecteur n'était pas juif pour rien, et ce serait lui faire injure que de croire à son désintéressement.

VIII

Une bonne affaire.

Il voulait bien aider Marie Pigeonnier à faire fortune, mais il entendait retirer de l'opération un profit honnête.

Voici donc ce qu'il lui proposa textuellement.

— Ma toute belle, les scrupules et les préjugés ne sauraient arrêter une nature solidement trempée comme la vôtre. J'ai une proposition à vous faire...

— Avantageuse?

— Cela dépend un peu de votre intelligence; c'est dire que vous devez réussir.

— Que faudra-t-il faire?

— Avec vous, je n'irai pas par quatre chemins; vous êtes femme à tout comprendre, même ce qu'on ne dit pas.

— Vous voulez m'épouser?

— Pas tout à fait.

— Alors...

— M'associer avec vous, simplement.

— Pour exploiter...

— Un commerce facile, agréable, et n'exigeant pas de connaissances spéciales.

— Expliquez-vous.

— D'abord, je suis votre commanditaire.

— Et vous mettez dans l'affaire?...

— Une trentaine de mille francs.

— Je parie qu'il s'agit d'une table d'hôte.

— Pas précisément ; cependant vous brûlez.

— J'y suis, vous voulez me faire tenir des meublés.

— Eh! eh!... C'est presque cela.

— Eh bien! je ne devine pas.

— Que si.

— Parole d'honneur!

— Vous me feriez douter de votre perspicacité.

— Pardon, c'est une véritable énigme que vous me posez là.

— Suivez-moi bien. Nous meublons avec

goût, mais économiquement, une petite maison.

— Un petit hôtel...

— Parfaitement.

— Dans une rue tranquille...

— Pas trop loin du centre.

— Vous voyez bien que vous me comprenez...

— Je commence seulement.

— Alors nous sommes près de nous entendre...

— C'est selon... les conditions. Continuez, je vous prie.

— Il vous sera facile, grâce à vos connaissances, de lancer des invitations dans le monde qui s'amuse...

— Assurément.

— Vous dénicherez bien quelques jolis et frais minois que nous.., lancerons.

— On jouera aussi...

— Quand il y aura des éléments...

— Et ma part là dedans?

— Maîtresse de maison, il vous sera aisé

de vous la faire belle. D'ailleurs, vous êtes très séduisante...

— Ah! il faudra alors que je paye aussi de ma personne.

— Aucune clause de notre acte d'association ne vous y obligera; je pense seulement que vous ne pourrez faire autrement, et que ce sera une attraction pour l'établissement.

— Vous vous y voyez déjà, n'est-ce pas?

— Pourquoi pas? Je vous adore, ma chère Marie, mais je ne suis pas égoïste. Ne pouvant par mes seules ressources assurer votre avenir, je veux au moins contribuer à votre fortune.

— Et y participer...

— Dame! J'engage des capitaux, il est juste que cela me rapporte. Du reste, vous tiendrez les livres.

— Est-ce qu'il y aura une enseigne sur la porte?

— Ce n'est pas utile. Vous enverrez votre carte, avec l'adresse, à tous vos amis et aux miens, ainsi qu'aux gens du monde élégant, et cela suffira.

— Vous croyez?

— J'en suis sûr.

— Vous savez cela par expérience, peut-être.

— Oui. Une première fois... j'ai assez réussi...

— Ah! ah!...

— Seulement une maladresse a forcé la police à nous honorer d'une visite; désormais toutes les précautions seront prises pour éviter un pareil désagrément; d'ailleurs, en aucune façon, vous ne serez compromise...

— Vous garantissez la casse...

— Absolument.

— Soit. Je réfléchirai.

— L'occasion est superbe, ne la laissez pas échapper, vous ne la retrouveriez pas.

— Je ne vous demande que quarante-huit heures.

— Et je vous les accorde bien volontiers.

— Pas d'équivoque ; c'est bien la direction d'un tripot que vous m'offrez.

— Oh! d'un tripot! Le jeu ne sera pas le principal attrait de vos salons...

— Et vous évaluez les bénéfices?...

— En trois années, vous aurez réalisé vos 20 à 25,000 livres de rentes, sans compter ce que nous pourrons encore retirer de la cession de la maison.

— Et pas de danger?

— Aucun... Cela n'exige qu'un peu de tact et de prudence.

— Il est probable que nous signerons demain.

— Je vous y engage, ma toute belle, autant que je le souhaite.

— A demain donc.

IX

La maison de la rue de Penthièvre.

Ce soir-là, Marie Pigeonnier rentra dans une chambrette où elle campait en attendant un asile digne d'elle.

Pendant une grande partie de la nuit elle rêva éveillée à la proposition du juif.

Elle répondait à toutes les objections qui se présentaient à son esprit.

Son grand désir était de se convaincre que cette proposition n'avait rien de suspect, et plus elle l'étudiait, plus elle la jugeait acceptable à tous les points de vue.

Marie Pigeonnier avait avalé bien d'autres couleuvres ; elle ne s'en portait pas plus mal.

Il ne lui restait plus rien à jeter par-dessus les moulins ; pourquoi répugnerait-elle à y jeter les bonnets des autres ?

Allons, pas de sotte pudeur, ma fille ;

lève-toi et cours chez le juif, qui est un brave homme, en somme, car il te met la fortune entre les mains de la façon la plus plus délicate.

C'est sous cette favorable impression que Marie se rendit chez le juif.

Quand elle arriva, il allait se mettre à table.

Il pria la visiteuse de vouloir bien partager avec lui son modeste déjeuner.

Elle prit place en face de lui.

— Avez-vous réfléchi, dit le juif?

— J'accepte, répondit sans hésitation l'ex-repentie.

— Parfait. A votre santé.

— Merci.

— Buvons à notre association.

— Avec plaisir.

— En prenant le café, je vous donnerai lecture du petit acte que j'ai préparé et nous le signerons séance tenante. Ne craignez rien, cela n'a d'autre but que de nous sauvegarder, vous et moi, vis-à-vis des tiers ; et puis, tout le monde est mortel.

— Evidemment.

— Ainsi j'ai arrangé cela sous forme de location; d'après des chiffres de ma première opération de ce genre, et différents renseignements sur d'autres identiques, j'ai pu évaluer les recettes à quinze, dix-huit et même vingt mille francs par mois, suivant les saisons; les frais généraux déduits, il resterait un produit net minimum de douze mille francs par mois; quand ce chiffre sera dépassé, vous prendrez les trois quarts du surplus pour vous. Maintenant je porte la location à six mille francs par mois, ce n'est pas trop; qu'en dites-vous?

— C'est raisonnable; seulement je me réserve le droit de me retirer dans le cas où vos évaluations ne se réaliseraient pas.

— Oh! dans ce cas, nullement probable, j'aimerais mieux consentir à une réduction proportionnée à la différence des recettes; nous aurons tous deux intérêt à nous mettre d'accord sur ce point.

— Dans ces conditions, je suis prête à signer.

Aussitôt après le déjeuner, les deux associés échangèrent deux feuilles de papier timbré dans les formes convenues, et sans plus tarder se rendirent chez un tapissier pour traiter de l'ameublement du petit hôtel.

Ce petit temple du plaisir était situé vers le milieu de la rue de Penthièvre; il n'a d'ailleurs pas changé depuis de destination, il a seulement changé de propriétaires.

De petites circulaires roses furent adroitement distribuées dans le nonde léger.

Elles produisirent leur effet.

L'hôtel de Marie Pigeonnier devint bientôt le lieu de rendez-vous des désœuvrés riches, des chercheurs de distractions épicées, auxquels se mêlèrent quelques échantillons de la bohême dorée.

> Les rendez-vous de noble compagnie,
> Se donnaient tous en ce charmant séjour;
> Et doucement on y passait la vie
> A célébrer le champagne et l'amour.

La dame de pique y vivait en parfaite intelligence avec la dame de cœur.

Les fidèles les caressaient toutes deux tour à tour, et quelquefois en même temps.

Elles n'étaient nullement jalouses l'une de l'autre; l'intérêt les liait.

Les prévisions du juif furent dépassées.

L'or roulait sur les tapis verts et tombait dru dans les aumônières des dames quêteuses.

Bref ! c'était la maison où l'on s'amusait le plus de tout Paris.

Marie Pigeonnier triomphait et rayonnait.

A son tour, elle serait enviée.

En effet, une maison rivale lui suscita des ennuis, et sans de hautes protections elle aurait succombé.

Par bonheur, elle avait su attirer et retenir chez elle quelques sommités ayant grand crédit et haute influence.

Elle ne fut donc pas inquiétée.

Aussi son exploitation prospérait de jour en jour.

Le juif touchait régulièrement de gros dividendes ; Marie Pigeonnier achetait de la Rente, des Ville de Paris et du Crédit foncier ; il faut lui rendre cette justice, qu'elle ne se laissait jamais prendre aux fantastiques émissions de titres à fortes majorations.

Noblesse oblige et succès aussi.

A la fin de la première année, on fit de sérieux embellissements dans l'hôtel, tout l'ameublement fut renouvelé.

Il fut même question de louer une maison voisine, l'hôtel étant devenu insuffisant.

Mais on dut y renoncer devant les exigences du propriétaire et des locataires qu'il fallait indemniser.

La vogue ne se ralentit pas.

La maison jouissait d'une réputation européenne ; tous les étrangers de bonne marque s'y mêlaient à la foule des abonnés de Marie Pigeonnier et d'un grand nombre de jolies femmes ; certes, les plus irrésistibles qu'on puisse trouver sur les grandes places du monde entier étaient réunies là ; avec de tels éléments, l'hôtel de la rue de Penthièvre devait faire de bien brillantes affaires.

Ce fut assurément la plus belle période de la vie de Marie Pigeonnier.

Malheureusement elle avait encore un peu de ce quelque chose qui perd les femmes tôt ou tard ; son heure de faiblesse n'avait pas encore sonné à l'horloge de l'amour.

Elle ne pouvait plus beaucoup tarder.

X

Amour, tu perdis Troie

Une nuit de réveillon, un marquis plus ou moins authentique fut amené chez Marie et présenté chaudement par un de ses commensaux ordinaires.

Il ne serait venu à l'idée de personne de contester la noblesse de ce marquis, tant il avait grand air ; quelques médisants affirmaient tout bas qu'il vivait un peu à toutes les tables, pourvu qu'il mangeât, peu lui importait le ratelier.

On lui avait indiqué quelques riches partis, mais il avait peu d'enthousiasme pour le mariage ; on prétendait qu'il préférait redorer son blason de la main gauche.

Ses titres étaient-ils douteux ?

Une agence de renseignements aurait peut-être révélé un casier judiciaire, gênant

pour entrer en ménage, et sans doute pré-
férait-il rester célibataire pour éviter l'éclair-
cissement désagréable de ce mystère.

Il n'en était pas moins fort entouré, et les
femmes laissaient volontiers tomber sur lui
des regards significatifs.

Marie Pigeonnier n'échappa pas à cette
étrange fascination qu'il exerçait sur le sexe
faible.

Il s'en aperçut.

En homme qui s'y connaît, le marquis
comprit tout le parti qu'il pouvait tirer
d'une aussi favorable situation.

Sans empressement, et même avec une
habile réserve, il adressa ses compliments
à Marie, qui répondit avec un embarras
dont elle n'était certes pas coutumière.

Sous le regard de cet homme qu'elle
voyait pour la première fois, elle perdait
son assurance et cherchait une contenance.

La malheureuse était pincée.

Le marquis eut la cruelle rouerie de ne
pas y prendre garde.

Il parla avec une aisance qui troubla profondément sa victime.

Avant de se hasarder dans ce délicieux repaire, le marquis avait pris ses informations.

Son plan élait arrêté d'avance, pour le cas où Marie Pigeonnier mordrait à l'hameçon.

Du premier coup, Marie avait mordu.

Enfin elle avait approché de ses lèvres la coupe fatale, et elle allait boire goutte à goutte, longuement, l'enivrant poison dont tant de femmes sont mortes.

Ce soir-là, le marquis ne pressa point le mouvement; il affecta presque de l'indifférence, si bien qu'en partant il laissa Marie Pigeonnier toute bouleversée.

C'était la revanche de l'amour; elle allait en connaître tous les tourments, toutes les attentes, toutes les déceptions, toutes les souffrances.

Le supplice commença dès le départ de son tourmenteur; ce soir-là, elle se retira triste dans sa chambre; la nuit ne fut qu'une angoisse poignante,

Le lendemain la fièvre la prenait, et elle refusa toute nourriture.

Elle s'opposa à la visite d'un médecin; le mal qui la rongeait ne céderait ni à une purge ni à un vomitif.

L'assouvissement pouvait seul la calmer.

Ce ne fut que le troisième jour que le marquis se présenta chez elle.

Il ignorait son indisposition, et après s'être informé de son état, il allait se retirer, quand on lui fit savoir que madame le priait de venir lui serrer la main.

Il se rendit près d'elle, non pas sans paraître étonné de cette familiarité, lui qui était si nouveau dans la maison.

Il s'assit, sur l'invitation de la malade, auprès de son lit; elle le retint assez longtemps pour que l'on en jasât dans l'anti-chambre.

Que se passa-t-il entre le marquis et Marie; personne ne le sut.

Toutefois cette visite eut sur sa santé

une influence des plus favorables ; Marie
se leva le jour même, et au dîner, elle man-
gea un rouget tout entier, et de très bon
appétit. Elle avait du goût pour ce
poisson.

Elle fut plus gaie et dormit assez bien.

Dès le matin le marquis venait prendre
de ses nouvelles, et elle le recevait debout,
dans son salon.

Tout le monde la trouva radieuse, rayon-
nante, transformée.

Assurément cet homme disposait d'une
puissance particulière, puisqu'il lui avait
suffi d'un entretien de deux heures à peine
pour guérir une femme déjà en danger.

Cela tenait du miracle.

Des amis ne purent s'empêcher même de
féliciter le marquis d'une cure aussi pro-
digieuse, aussi rapide.

Et puis, le rouget est un si bon poisson !

XI

Le marquis fatal.

Le marquis ne tarda pas à s'installer dans l'hôtel de la rue de Penthièvre et y parla bientôt en maître.

Ainsi le voulait du reste celle qui désormais ne vivait plus que pour lui et par lui.

Et puis, le rouget est un si bon poisson !

A partir de ce moment le train de maison se modifia singulièrement.

Toute la domesticité fut changée.

On prit sur la cour pour construire une écurie et une remise.

On vit tous les jours, au tour du lac, Marie masquée par une voilette légère et le marquis resplendissant et très à son aise.

Les malins, les initiés esquissaient bien

de malins sourires sur leur passage, cependant ils renvoyaient toujours, un peu du bout des doigts, le salut au marquis.

Seule, Marie ne se rendait pas compte du rôle ignoble que jouait près d'elle cet exploiteur de faiblesses féminines.

On les surprit échangeant au fond de leur voiture d'ardents baisers.

Les économies de la pseudo-marquise entrèrent en danse, et ce fut une danse folle, vertigineuse, une farandole.

Le juif, effrayé du désarroi de la maison, voulut y couper court et liquider.

Marie ne demandait pas mieux.

La maison fut cédée assez avantageusement à une personne venue de Bruxelles, et Marie Pigeonnier se retira dans un gentil entresol, avec son marquis, aux environs de l'Arc de Triomphe.

Et puis, le rouget est un si bon poisson!

Elle lui laissa l'entière administration de sa petite fortune; il joua assez heureusement à la Bourse, mais toutes les belles choses ont une fin, et les titres de rentes, les actions et les obligations s'en allaient, un à un, chez les agents de change, quand ils ne s'engloutissaient point dans la poche du marquis, homme d'une excessive prévoyance.

XII

Déception. — Où le rouget devient amer.

De quel piédestal ce misérable allait-il tomber, quand celle qui l'avait élevé si haut dans son cœur et dans son esprit allait découvrir le pot aux roses.

Le marquis seul savait combien de temps pouvait durer encore cette vie d'insouciance, de plaisirs sans cesse renouvelés, d'ivresse, d'abandon, avec le mépris du lendemain.

Quel terrible réveil lui était réservé.

Mais quel beau songe elle aurait fait.

Par une tiède matinée d'automne, nos deux amoureux savouraient la fin d'une douce nuit, quand une voix qui partait de l'antichambre arriva jusqu'à eux.

A travers la porte de la chambre, on pouvait entendre distinctement ces mots

4.

qui étaient comme le prélude d'un orage domestique.

— Cela m'est égal, j'attendrai. Il faudra bien qu'ils rentrent ou qu'ils sortent; qu'ils soient chez eux ou ailleurs, je ne m'en irai pas sans avoir vu ou monsieur ou madame. C'est la sixième fois que je viens depuis un mois, j'en ai assez, il me faut mon argent.

— Que signifie cette menace, mon ami? dit Marie à son marquis.

— Ne t'inquiète pas, ma chère mignonne, c'est un butor qui a présenté un mémoire d'apothicaire pour la menuiserie de notre remise, et que je ne veux payer qu'après rectification de l'expert.

— Tu as raison, mais cet individu ne s'imagine pas avoir le droit de s'installer ici et d'y faire du tapage, je suppose.

Le marquis se leva et alla trouver l'importun.

— Est-ce une heure à venir faire chez les gens un pareil bruit.

— Eh! Puisque l'on ne vous trouve jamais.

— Je ne suis jamais chez moi, monsieur, pour les gens grossiers et mal appris qui se présentent de cette façon.

— Des boniments!... Réglez-moi mon compte, et je vous laisserai dormir toute la journée, si cela vous plait.

— Vous êtes un insolent. Quant à votre compte, je l'ai contesté...

— Oui! il y a deux mois; mais je l'ai aussitôt soumis à l'expert qui l'a réduit de cinq pour cent; n'ajoutez donc pas de la mauvaise foi à votre mauvaise volonté.

— Il ne me plait pas de vous écouter davantage; veuillez sortir.

— Ah! c'est ainsi; avant ce soir, vous connaîtrez le nom de mon huissier. Bien le bonjour.

Le marquis revint près de sa maîtresse et la tranquillisa.

Tous les jours, c'était quelque créancier furieux d'être éconduit qui jetait sur le carré des menaces auxquelles Marie ne comprenait rien.

L'explication ne pouvait guère se faire attendre.

Les billets doux de messieurs les huissiers s'entassaient dans la poche du marquis qui les arrêtait toujours au passage, de sorte que Marie ne soupçonnait pas sa ruine.

Enfin, un jour, le marquis ne rentra pas.

Au fond, elle appréhendait un malheur, mais elle s'étourdissait, et s'efforçait de ne pas y croire.

Le marquis avait disparu et ne donnait point de ses nouvelles.

Par contre, certain gros fournisseur se rappela au souvenir de Marie Pigeonnier, au moyen de la signification d'un jugement rendu contre elle.

Sa première pensée fut qu'il n'y avait là qu'une négligence du marquis facile à réparer en payant, il s'agisssait d'une somme de quinze cents francs, principal et frais, une misère.

Depuis qu'elle avait confié ses clefs et ses affaires à son amant, jamais il ne lui était venu la curiosité d'ouvrir son secrétaire; puisque le marquis n'était plus là, elle se trouvait forcée de s'occuper des payements de ses fournisseurs, ainsi que de l'encaissement de ses coupons.

Elle ouvrit d'une main tremblante tous les tiroirs l'un après l'autre ; ils étaient vides.

Pour le coup, Marie Pigeonnier ne vit plus d'autre issue à son malheur que la mort.

Elle aurait tué cet homme, s'il avait été là, le lâche.

L'avoir si salement dépouillée, elle qui en faisait son dieu.

Il était parti sans un mot. Débrouille-toi comme tu pourras, ma fille, moi, comme il n'y a plus rien à se mettre sous la dent ou dans la poche ici, je m'en vais travailler ailleurs.

Cette fois Marie tomba réellement malade, et son médecin, qui était aussi un ancien camarade, eut toutes les peines du monde à attendrir les huissiers et à obtenir d'eux qu'ils différassent de quelques semaines leur féroce exécution.

Il fallut qu'il les rendît responsables des conséquences de leurs actes, et qu'il leur déclarât qu'ils tueraient la malade.

Il promettait qu'aussitôt la convalescence, Marie Pigeonnier serait conduite à la campagne, et qu'ainsi on lui épargnerait l'affreux spectacle de sa ruine.

Ce fut le seul moment un peu intéressant de son existence, mais cette épreuve ne devait pas la rendre meilleure. On verra par la suite comment, de plus en plus aigrie, elle ne vécut plus que pour déverser sa rage jusque sur la tête de ses bienfaiteurs,

XIII

Guérison par le beurre.

Transportée à la campagne dès que le médecin le permit, elle eut le temps pendant sa convalescence de se rendre compte de l'abîme où elle venait de dégringoler.

Un homme d'affaires, qui avait travaillé pour elle, se chargea de sa liquidation.

Tout fut abandonné aux créanciers meubles, voiture, chevaux et le linge.

On ne laissa à la malheureuse que six chemises et quelques bibelots.

Mais l'homme d'affaires avait obtenu un quitus général, grâce auquel l'avenir au moins ne pouvait être hypothéqué; Marie n'avait qu'à se remettre à l'ouvrage, elle n'était pas encore décatie au point de désespérer. La fortune l'avait déjà traitée en enfant gâtée, elle ne la laisserait pas dans cette détresse.

Lorsque, tranquille sous les fraiches pousses du printemps, elle jetait un regard sur les mois qui venaient de s'écouler, les nausées lui montaient à la gorge.

Une de ses camarades lui parlait du marquis.

— Par grâce, ne prononce jamais son nom exécré devant moi, lui dit-elle; un gentilhomme plus infect qu'un rôdeur de barrières ; par exemple, si je le tenais... Bougre de m...

— Qui aurait jamais cru cela; il était si distingué.

— Parbleu! s'il avait eu l'air d'un marchand de cochons, est-ce que je l'aurais supporté... aveuglément.

Le fait est que ce noble de contrebande s'était conduit assez salement à l'égard de la Pigeonnier.

Il est juste aussi de faire observer que ces mésaventures n'arrivent qu'aux vicieuses et aux déclassées.

Découragée pendant sa convalescence,

elle se raidit contre le destin lorsqu'elle fut revenue à la santé.

Son entourage lui remonta le moral.

Le dépit la ranima ; elle reprit possession d'elle-même ; elle se fit le serment de vaincre et d'écraser les vipères qu'elle rencontrerait sur son chemin.

La noire dèche se dressait, sinistre, devant elle.

Comment la combattre ?

Comme cabotine elle était vouée aux pannes, et il n'était pas facile de piger un engagement de cent cinquante francs, du jour au lendemain.

La voilà donc guérie, mais dans une misère voisine de la gêne.

A ce point que l'estomac faisait entendre déjà des plaintes sourdes.

Bah ! Elle irait frapper à quelque porte amie ; on ne lui refuserait pas un peu de pitance et un bout d'oreiller.

Rentrée à Paris, elle s'installa dans l'appartement d'une camarade qui faisait partie d'une troupe en tournée dans le Midi.

Comme la *faim* justifie les moyens, elle porta au Mont-de-Piété les objets qu'elle pouvait enlever sans éveiller l'attention de la concierge.

Ce n'était pas strictement délicat, mais Marie n'y regardait pas de si près.

Cette façon de se créer de petites ressources lui permît d'attendre une bonne occasion, c'est-à-dire un galant banquier.

Dans sa maison demeurait un marchand de beurre; elle le rencontra dans l'escalier; cet homme se croyait-il obligé d'être aimable avec ses voisines, ou bien avait-il pour Marie un goût particulier? au premier abord il n'y avait pas moyen de se fixer sur ce point, toujours est-il qu'il esquissait pour elle des sourires bêtes, qu'assurément il avait l'intention de faire gracieux.

Des œillades, il s'enhardit jusqu'aux compliments.

Marie ne fit pas la dégoûtée.

Si l'on ne remisait pas ses répugnances,

jamais on ne ferait son beurre dans la vie de son monde.

Donc, un soir que le voisin rentrait un peu plus tard que de coutume, Marie qui le guettait, feignit une légère indisposition et entr'ouvrit sa porte pour demander à cette connaissance de palier, s'il ne pourrait lui prêter un peu de thé.

Par hasard, le marchand de beurre en avait chez lui, et il s'empressa d'en apporter à Marie qui, de la meilleure grâce, le pria de lui servir de garde-malade.

Celui-ci s'acquitta de sa tâche avec une émotion que trahissaient ses gaucheries.

Il fut le soir même largement payé de sa peine et de ses soins ; même le lendemain matin, avant de se retirer, il se conduisit en... connaisseur, et non en marquis, laissant dans un livre que Marie était en train de lire, le prix de quelques mottes de beurre.

Marie l'avait appelé mon prince, toute la nuit, cela l'avait flatté, mais il était fort intrigué.

Et de quelle voix exquise et doucement

vibrante, elle lui avait plusieurs fois ré-
pété, ces suaves et mystérieuses paroles:

— « Prrrince, éprrrrouvez-vous? »

Il ne disait mot, mais n'en éprouvait pas
moins.

Et chaque fois qu'elle... communiquait
ses sensations... avec une tendresse inef-
fable, elle questionnait le marchand de
beurre :

— « Est-ce bien ainsi, mon prince? »

Cet homme fut pour elle une provi-
dence.

Il contribua à sa remise à flot.

Ce brave voisin ne le faisait pas à la pose;
il emmenait le dimanche sa Marie à la campagne, et celle-ci s'accommodait assez de ces
repas de guinguettes, arrosés de petit bleu,
pourvu cependant qu'on ne lui servît ni lapin, ni rouget, deux plats dont elle avait
horreur pour en avoir trop mangé.

Comme le marchand, quoique généreux,
était limité, elle lui adjoignit bientôt un bizarre individu qu'elle avait rencontré, en

rentrant du théâtre, devant le square Mon-
tholon.

C'était un contre-maître de vidange; elle
pensa qu'il lui porterait bonheur.

Elle subissait ses chaudes caresses pendant les heures que l'autre passait aux
Halles; ses intimes vous diront qu'elle en
a toujours gardé dans la bouche un arrière-
goût; ça lui revient, comme l'oignon.

Marie Pigeonnier était maintenant solide;
avec la santé, l'ambition était revenue, et
aussi la jalousie, la rage.

XIV

De la rue aux planches, et vice-versa.

Il s'agissait de faire dans le monde une rentrée propre et écrasante.

Pour cela il fallait remonter la garde-robe et ramasser quelques bijoux.

Peu importe que les billets de banque soient gras, et de quelles mains sales ils sortent.

Elle reprit du cœur à l'ouvrage, et c'est à peine si elle trouvait quatre ou cinq heures par semaine à accorder à son marchand de beurre, tant elle était occupée.

Entre deux opérations, elle courait chez un directeur, parce que les planches reposent un peu de la rue.

Elle fréquentait les bureaux d'omnibus, elle faisait le Louvre, la Madeleine, et elle avait son numéro d'ordre et son tarif dans certaines hospitalières maisons, tenues par des dames mûres et fort respectables ; elle y séjournait dans les prix doux.

C'était vraiment une vaillante ; elle prenait sur ses heures de sommeil et de table, pour gagner de l'argent.

L'ouvrage ne manquait pas ; une femme remuante en trouve toujours aux détours des rues et le long des boulevards, sauf quand il fait trop froid ou quand il pleut trop fort.

Au théâtre, les jours de mauvais temps sont précisément les meilleurs.

Enfin, elle trouva un engagement dans un théâtre qui n'était qu'une boîte à faillites.

Marie se montra coulante sur la question des émoluments ; l'important était de ne pas se faire oublier, et d'avoir son nom au bas d'une affiche.

Les colonnes Morris doublent la valeur d'une femme.

Quelle pitoyable grue c'était.

Et encombrante ; paralysant par méchan-

ceté ses camarades en scène, les blessant
au foyer et les débinant dehors.

Aux répétitions, elle ne savait quoi in-
venter pour nuire aux artistes qui jouaient
avec elle; il ne devait y avoir d'effets que
pour elle; lorsque pendant une scène elle
sentait qu'un mot devait porter, ou qu'un
comédien pouvait être applaudi, elle s'irri-
tait et exigeait un changement.

— « Ça me gêne, criait-elle, ça me gêne,
je ne veux pas de ça. »

Chaque fois que dans un théâtre on avait
eu la faiblesse de lui laisser prendre un
doigt d'autorité, elle opposait son veto à
tout ce qui ne lui plaisait pas, et quand elle
avait lâché son : « Ça me gêne », il fallait
s'incliner sous peine de voir sauter la toiture.

Je ne me donnerai pas la tâche d'analyser
la comédienne : c'était la négation abso-
lue de l'art, et c'en était aussi la honte.

Elle disait faux, la physionomie était plate
et ridicule, son regard distrait; quant à sa
démarche, elle rappelait son aventure du
comte aux 3,000 francs, ce qui ferait sup-

poser que le comte ne fut pas le seul à passer par là.

La chasse à l'homme était au fond ce qui la nourrissait le plus régulièrement; elle prenait le gibier, sans permis, avec une audace de vieux braconnier, au nez de la gendarmerie, flairant de loin l'étranger de passage, enfin se contentant de recueillir quelque bon pochard égaré plutôt que de rentrer bredouille. Aux boulevards extérieurs, cela s'appelle l'amour au poivrier.

La concierge voulait lui faire donner congé, parce qu'elle faisait de la maison un asile de nuit.

Au théâtre, elle continuait à compromettre les pièces dans lesquelles on avait la faiblesse de lui confier un rôle un peu marquant. On se souviendra toujours des deux vestes formidables qu'elle fit remporter à des auteurs par sa façon grotesque de se démener dans les scènes dramatiques.

Elle fut un instant si ridicule cabotine que cela fit du tort à son commerce de galanterie.

XV

Exploitation du Prussien.

Comme patriote, l'impartialité, l'équité me font un devoir de rendre hommage à ses nobles sentiments.

Voici de quelle façon la française de contrebande commença toute seule, à son corps défendant, l'œuvre de la revanche.

Quelque temps après la libération du territoire, elle se fit ce raisonnement judicieux, qu'une femme, en s'y prenant bien, pourrait se faire rendre par la persuasion un peu de ces cinq milliards qui nous avaient été enlevés par la force.

L'argent se faisait rare à Paris, et il se cachait.

Marie Pigeonnier prévoyait plusieurs années maigres.

Elle fit donc sa malle et partit pour Berlin.

Pendant quatre ans, elle vit assez pitoyablement, d'ailleurs, dans la capitale de la Prusse, sais-tu, savez-vous.

Elle en a rapporté deux pendules : c'est toujours un à-compte.

Je ne me sens pas le courage de lui faire un reproche de ses exploits chez nos vainqueurs, sais-tu, savez-vous.

Tout le temps qu'elle resta au milieu d'eux, elle fut dans une situation médiocre. Réduite aux derniers expédients, tantôt elle reniait sa nationalité, tantôt trop connue pour donner le change sur sa qualité de française, elle parlait mystérieusement de secrets politiques, qu'elle prétendait avoir surpris lors de ses relations avec un diplomate, que, bien entendu, elle ne pouvait nommer, mais dont elle aidait à trouver le nom ; elle avait *fait avec*.

Comme ses communications n'avaient ni intérêt, ni importance, on les lui laissait pour compte.

Il lui fallait imaginer un truc plus ingénieux pour faire fortune.

Elle ouvrit un cours de langue française pour les deux sexes, et avec la collaboration d'une entremetteuse allemande, elle eut bientôt un certain nombre de jeunes élèves.

Cette école, où l'on donnait des leçons jour et nuit, à l'heure ou à la séance, avait tout à fait l'air d'une succursale de ce *buen retiro* discret à l'usage des amants sans asile, des vagabonds de l'amour, qu'elle avait tenu rue de Penthièvre.

La soldatesque y venait cuver ses victoires, entre des pots de bière et des chevelures blondes.

Des Gretchen de quatorze et quinze ans, qui gagnaient là dedans à peine quelques kreutzer, légèrement costumées, étudiaient avec leur éminent professeur Pigeonnier, l'art si compliqué de faire... parler les muets, de faire s'agiter les paralytiques, de faire brûler les lampes sans huile.

Tous les raffinements d'une *artiste* de Paris, Marie les connaissait à fond, au besoin les perfectionnait, et surtout les enseignait avec une clarté et une précision

remarquables; ses cours étaient très sui-
vis, et, en professeur consciencieux, ses
démonstrations étaient accompagnées d'ex-
périences qui gravaient d'une façon inou-
bliable ses leçons dans la mémoire de ses
jeunes disciples.

Un professeur de danse qui se contente-
rait d'expliquer la polka et la valse laisserait les pieds de ses élèves dans un grand
embarras; en tout, il faut que la pratique
vienne au secours de la théorie.

S'il existait un conservatoire du vice,
Marie Pigeonnier en serait le premier professeur; elle possède toutes les finesses, les
règles, les traditions de la débauche et de
l'orgie.

La nature l'a heureusement douée de ce
côté.

On rencontre de ces femmes; mais elles
exercent parfois pour l'amour de l'art. On
les plaint, il est même permis de les mépri-
ser. Les autres, et c'est le plus grand nombre, exploitent leurs aptitudes et leurs
connaissances spéciales. La société, en les

épargnant, se rend complice de leurs crimes et, les tolérant, elle se retire le droit de leur jeter à la figure leur abjection dont tant de ses membres se régalent et se gaudissent.

Marie Pigeonnier avait roulé dans trop de ruisseaux pour être dégoûtée de la boue ; elle s'y vautrait comme un poisson dans l'eau, comme une truie dans l'ordure ; la boue était son élément. Le jour où une main chrétienne s'aviserait de l'en sortir, elle en mourrait comme meurt la plante qu'on arrache à la terre.

Connaissant à fond le vice, c'était bien le moins qu'elle vécût de sa science. Peut-on exiger d'un médecin qu'il fasse des bottes pour gagner sa vie ? Chacun son métier, et les vaches seront bien gardées, n'est-ce pas, Marie ?

La Pigeonnier ne voulait pas mendier son pain ; je la connais, elle aurait préféré le voler. Il faut donc lui savoir gré de l'acheter avec l'argent que lui rapporte sa profession. Les circonstances l'ont conduite à Berlin ; tout ce qu'on peut regretter, c'est qu'elle n'y soit pas restée ; nous avons, hélas ! assez de corruption chez nous.

Le malheur, pour elle, c'est qu'elle n'avait pu attirer chez elle la haute gomme prussienne ; les gens de la grande vie ne voulaient pas enrichir une française, si dégradée qu'elle fût.

Marie Pigeonnier ne voyait chez elle que les flâneurs peu fortunés, les amateurs de plaisirs à trente sous l'heure.

On ne venait qu'à pied chez elle.

Aussi elle végétait, avait peine à payer ses fournisseurs, qui ne lui faisaient que de courts crédits, car d'un jour à l'autre, elle pouvait lever le pied sans même dire bonsoir.

Dégoûtée de se donner tant de mal pour si peu de profit, elle prit le parti de poser un énorme lapin aux Berlinois ; et elle se mit à creuser une combinaison formidable.

XVI

Une combinaison ingénieuse

Son associée, qui lui racontait les nouvelles qu'elle lisait dans les journaux allemands, lui apprit qu'on annonçait l'arrivée prochaine à Berlin d'un grand personnage français.

— Son nom ? demanda Marie.

— Je l'ai oublié. Mais attendez, la feuille où j'ai lu cette information est dans ma chambre, je vais aller vous la chercher.

Marie put lire bientôt le nom d'un des plus ardents bienfaiteurs de sa jeunesse.

Elle tenait sa combinaison.

Son cher Gustave ne pouvait avoir conservé d'elle que d'excellents souvenirs ; il serait enchanté de la retrouver en pays étranger et ne lui refuserait certes pas ses services.

Restait à étudier de quelle façon Gustave pourrait lui être utile a Berlin.

Elle consulta à ce sujet son associée; la vieille allemande était vicieuse, mais manquait de malice.

La question l'embarrassa.

Peut-être lui venait-il de bonnes idées, mais elle craignait tellement de donner un conseil maladroit, qu'elle préféra garder le silence.

Pourtant elle reconnaissait qu'il y avait un bon parti à tirer de la présence de ce grand personnage à Berlin, surtout qu'il devait être reçu par...

Holà! qu'allais-je faire! Un mot de plus et ce que je raconte aurait l'air d'être arrivé, et le lecteur se souvient que, dans l'avant-propos, j'ai déclaré que tout ce que je racontais était de pure invention.

Evidemment, ce serait plus piquant, si c'était arrivé; mais je n'écris ni des mémoires, ni de l'histoire, je ne fais que du roman.

Marie Pigeonnier avait une occasion

inespérée de se relever à Berlin ; elle serait sotte de n'en point profiter.

Comment s'y prendrait-elle pour entortiller Gustave, sans le compromettre ?

Elle n'avait pas trop de temps pour prendre ses dispositions et préparer l'attaque ; Gustave était attendu dans les trois jours.

Marie ne dormait plus, entièrement absorbée par la recherche d'un plan ; elle mettait son esprit à la torture.

Enfin, elle s'arrêta à l'idée la plus simple et la seule pratique.

Rendre une visite à Gustave qui la recevrait avec enthousiasme ; on l'avait toujours traitée en artiste à Berlin, rien d'étonnant à ce qu'un grand personnage honore de sa protection une compatriote, femme de théâtre d'un certain renom.

Elle l'inviterait à une soirée intime, à laquelle serait conviée la meilleure société, que le nom de Gustave suffirait à engager à venir, et le salon de Marie Pigeonnier serait classé du coup.

Elle se procurerait facilement quelques élégantes ; en une heure la réputation de Marie Pigeonnier serait établie ; on ne parlerait plus dans les cercles, dans les salons, que de son amabilité, de sa grâce, de ses sourires, de son esprit,... surtout de son esprit, de son goût, de sa gaieté, de son tact, de sa parfaite distinction.

Il ne tenait qu'à Gustave de lui faire décerner par acclamation un brevet de femme de haut ton ; et il n'avait pour cela qu'à venir boire un verre de champagne chez elle. Il ne pouvait lui refuser cela.

Aussitôt que son plan fut bien arrêté, elle en fit part à l'Allemande, qui l'approuva fort, et elle la chargea d'organiser une belle réception ; Marie se réservant les invitations.

Une petite annonce dans un journal ferait savoir que Gustave viendrait à cette fête, et le tour serait joué.

La combinaison était certainement ingénieuse et ne présentait point de sérieuses difficultés d'exécution.

XVII

Choucroûte et champagne.

Marie se mit immédiatement en campagne.

Pour comble de chance, plusieurs artistes renommés devaient traverser Berlin ; traiter avec eux pour monter un concert, fut l'affaire d'une dizaine de télégrammes.

Le programme fut arrêté par dépêche et publié aussitôt dans les journaux.

Ce concert aurait lieu dans une salle *ad hoc* et qui, par un heureux hasard, était mitoyenne avec la maison qu'habitait la Pigeonnier.

Des tapissiers monteraient une allée de verdure couverte et permettant de passer de la salle du concert aux appartements de Marie, absolument comme d'un salon à une salle à manger.

Quoi de plus charmant.

On se retrouverait au bal en sortant du concert.

On le voit, tout arrivait et s'arrangeait à souhait.

Cette fois Marie Pigeonnier n'aurait pas travaillé pour... le roi de Prusse.

Elle jouerait une grande scène d'un chef-d'œuvre classique, et dirait deux pièces de vers.

Les Allemands éprouvaient une sorte de jouissance tudesque à entendre des artistes français, ils y voyaient une soumission, presque une humiliation du vaincu; c'était comme la sanction de leurs conquêtes.

La fête de Marie Pigeonnier aurait donc un fructueux succès, et la présence de Gustave serait pour elle le commencement d'une fortune.

Faire dans Paris une rentrée triomphale sur un char d'or massif, sous les roues duquel grouilleraient celles et ceux qui jadis ne voyaient en elle qu'une balayeuse de praticables, quel rêve !

Voir crever de dépit les bonnes camarades, quel régal !

Marie Pigeonnier, comme la Perrette du Pot au lait, a toujours aimé à jouir d'avance, ce qui lui a valu bon nombre de déchirantes déceptions.

Adieu vaches, dindons, hôtels et rivières de diamants !

Elle mangeait son bien en herbe.

La voilà donc supputant les résultats de sa fête.

Tout fut mis en œuvre pour une réussite complète.

La partie qu'elle jouait était grosse.

Elle pouvait, il est vrai, la risquer, car si elle perdait, ce serait avec beau jeu.

Ses cartes étaient choisies.

Ses salons, resplendissants de lumière et de verdure, avaient un aspect féerique.

On pouvait s'attendre à un effet prodigieux.

Le souper préparé à la française, avec

quelques sacrifices au goût allemand, était admirablement conçu.

Le champagne invitait la choucroûte à la danse; cette attention ne pouvait manquer de flatter les casques pointus.

XVIII

Musique, danse et canapé.

Toutes les places élaient louées d'avance pour le concert ; la recette atteignait huit mille cinq cents francs ; les frais de ce concert et ceux de la soirée dansante s'élevaient à environ six mille francs.

Avant de commencer, Marie Pigeonnier avait donc réalisé un bénéfice, c'est-à-dire une somme qui relativement lui paraissait fantastique, car quinze jours auparavant, comme Cadet-Roussel, elle avait trois litres, deux vides et le troisième ne contenant rien.

Son mastroquet se faisait tirer l'oreille pour lui livrer quelques bouteilles à crédit.

Il y a trois jours, la misère ; et maintenant, la splendeur.

Aladin n'eût pas mieux fait avec sa lampe merveilleuse.

6

Le programme du concert ne manquait point d'attrait ; il fut exécuté sans accroc.

Le vrai spectacle était dans la salle.

Gustave était le point de mire de tous les assistants, et son nom courait sur toutes les lèvres.

Son allure fière, sans morgue, lui conciliait toutes les sympathies.

Il gagna plus d'un cœur à la cause française.

Aussi quand on sut qu'il irait après le concert chez la Pigeonnier, toutes les dames décidèrent, puisque ce devait être une soirée ouverte, qu'elles y danseraient.

La seule chose qui gâtât un peu la joie de Marie Pigeonnier, c'était de n'avoir pas là ses bonnes camarades ; quel aplatissement pour elles que ce triomphe.

La foule s'écrasa, en effet, dans les appartements de l'ancienne directrice de la maison de la rue de Penthièvre.

Gustave, très entouré, put cependant offrir son bras à Marie et faire plusieurs tours de salon avec elle, ils dansèrent même deux fois ensemble.

La société berlinoise n'est pas bégueule ; pourvu qu'un pavillon propre couvre la marchandise, si dégoûtante que soit cette marchandise, elle ne se formalise pas de son contact.

Pour le coup, Marie Pigeonnier pouvait prétendre aux plus belles places dans les fêtes, elle pouvait se présenter partout, sûre d'être poliment reçue.

Que de reconnaissance elle gardait au fond du cœur pour ce bon Gustave qui lui avait rendu un si grand service... sans s'en douter, car ce haut personnage avait fait cela de bonne humeur, n'ayant pas songé un seul instant au parti énorme que son amie se proposait de tirer de son patronage.

Gustave devant quitter Berlin le lendemain même, il est probable qu'il ne saurait jamais à quel tripotage il s'était inconsciemment prêté.

Le bal fut brillant et très animé, il ne

cessa qu'avec le jour ; les invités se retirèrent enchantés, déclarant qu'ils avaient passé une nuit délicieuse et qu'ils s'étaient fort amusés.

La Pigeonnier n'avait point perdu son temps.

Bon nombre d'intrigues se nouèrent par son intermédiaire et sous son aile.

Elle ménagea d'intéressantes entrevues ; favorisa de mystérieux entretiens ; provoqua de coupables rencontres ; et entre deux danses oublia comme [par mégarde des amoureux dans sa chambre à coucher, dont par distraction elle fermait la porte.

Bien entendu après quelques instants, elle venait délivrer les heureux prisonniers, s'excusant de son étourderie.

Ah ! si les canapés, les chaises longues et les coussins pouvaient parler.

Naturellement on n'oublierait pas une maison aussi hospitalière ; c'est sur quoi Marie comptait.

L'entreprise était hardie, la Pigeonnier pouvait s'y rompre les os, heureusement pour elle, loin de tourner à sa confusion, cette fête l'avait couverte de gloire.

Audaces fortuna juvat.

Pendant longtemps son nom fut mêlé à toutes les conversations, on enviait les personnes qui avaient eu la bonne fortune d'aller chez cette belle comédienne.

Les hommes en parlaient moins, mais *in petto* ils se promettaient de lui rendre par ci par là quelques petites visites.

Sauf la langue de sa nouvelle clientèle, Marie Pigeonnier aurait pu se croire dans son hôtel de la rue de Penthièvre.

XIX

Baronne d'Ange, à Berlin.

Hélas ! c'était trop beau pour durer.

Comme on lui passait tous ses caprices et qu'elle savait avoir toujours chez soi de jolies petites filles, fruits à peine bons à cueillir, elle se permettait des licences qui devaient finir par scandaliser même les moins pudibonds.

Etouffant chez elle, elle sortit les beaux jours et se montra dans les belles promenades.

Son équipage faisait sensation, mais il effarouchait.

En tout, il faut savoir garder une mesure.

Marie Pigeonnier s'affichait comme la baronne d'Ange, qu'elle copiait extérieurement et intérieurement.

Elle mit à la mode certaines habitudes

qui tuent ceux qui ne savent pas s'en dé-
barrasser ; dans son ardent patriotisme,
elle s'attaquait à la bourse et à la santé
du Prussien.

On la voyait dans des voitures extrava-
gantes, avec de superbes chevaux qu'elle
conduisait elle-même, exhiber, sur les belles
voies de Berlin, et des toilettes excentri-
ques, et des primeurs féminines que les
friands venaient cueillir le soir chez elle.

Au demeurant, c'était une femme d'un
talent raffiné.

Elle faisait des élèves.

Et toutes ces élèves lui faisaient honneur.

Quelle belle école de corruption que cette
maison de Marie Pigeonnier.

Cependant le succès l'encourageant, elle
ne recula pas devant les plus répugnantes
violations des lois.

Quelques hautes relations semblaient
lui assurer l'impunité ; mais un crime horrible ayant été dénoncé, la police ne put,
pour plaire à quelques gros bonnets, fer-
mer toujours les yeux.

Une enquête, conduite très discrètement et très délicatement, révéla des faits épouvantables : des viols, des détournements de mineures, voire même de *mineurs*, des avortements, tout cela accompli dans un très court espace de temps, avec la complicité de la fameuse Allemande, l'associée de Marie Pigeonnier.

Celle-ci, avec cet aplomb qui ne lui a pas toujours réussi, brava la justice.

Cependant, avertie qu'un mandat était lancé contre elle, Marie jugea prudent de déguerpir.

Pour donner le change, elle habilla avec une de ses robes sa première femme de chambre, grosse comme elle, lui mit une épaisse voilette sur le visage, et l'envoya faire en ville son tour ordinaire.

Pendant ce temps, dans un costume d'ouvrière, elle gagna la gare à pied ; avec un petit panier ne contenant que de menus objets.

Son associée devait lui envoyer en France la part qui lui revenait.

XX

En troisième classe

Afin de ne pas éveiller les soupçons, elle prit un billet de troisième classe; la police allemande n'était pas assez fine pour venir l'y dénicher.

Elle quittait Berlin d'assez piteuse façon.

Le retour fut pénible.

Sa graisse, faisant coussin, amortissait, il est vrai, les cahotements du wagon; mais habituée aux moelleux fauteuils et aux lits de plume, la planche lui rompait les membres.

Elle débarqua à Paris, brisée; elle se dirigea péniblement jusqu'à l'hôtel le plus voisin de la gare, et là, d'un sommeil tourmenté et inquiet, elle dormit près de vingt-quatre heures.

En se réveillant elle se croyait encore dans le compartiment de troisième classe;

après avoir regardé autour d'elle, elle se souvînt.

La faim commençait à la tourmenter.

Elle se leva, et alors seulement, se rendit compte de l'impossibilité de sortir dans Paris, sous ses nippes de cuisinière.

Dans sa préoccupation d'échapper à la police berlinoise, elle avait pris une poignée de monnaie et s'était rapidement tirée des pieds.

Sauver d'abord sa peau, on aviserait ensuite.

Elle se résigna à s'habiller.

Il fallait bien descendre pour manger.

Les idées viendraient en digérant.

Elle descendit donc, et allait entrer dans la salle de restaurant, s'asseoir à la table d'hôte, quand le maître d'hôtel l'invita à passer à l'office où l'on servait le diner des domestiques.

Furieuse, mais comprenant que toute protestation était inutile, elle paya sa chambre et sortit.

Elle alla diner dans le premier bouillon qu'elle rencontra.

Comme une égarée, cherchant son chemin, elle erra à travers.les rues, sans se décider à prendre une direction.

Elle coucherait encore une nuit à l'hôtel, le lendemain, elle irait au Temple, se nipper un peu moins misérablement, et elle attendrait des nouvelles et son argent d'Allemagne.

Cela ne pouvait manquer d'arriver dans les vingt-quatre heures.

Ayant ainsi arrêté son programme de rentrée à Paris, elle ne traîna pas inutilement dans les rues et rentra dans un hôtel, encore mal remise de son voyage en troisième classe.

Elle dormit plus paisiblement et le lendemain elle était tout à fait d'aplomh.

XXI

Deux pendules au Mont-de-Piété

Le lendemain elle sortit de bonne heure,
pour ne pas s'exposer à être reconnue, certaine de ne pas rencontrer si matin des
amis ou des ennemis, tous gens qui se
lèvent tard.

Moyennant soixante-dix francs, elle s'habilla au Temple des pieds à la tête, compris
un manteau d'occasion, qui cachait assez
avantageusement le dessous.

Ainsi retapée, elle était presque présen-
table, surtout pour une femme qui arrive
de voyage et qui n'a pas encore eu le temps
d'ouvrir ses malles.

A midi, Marie Pigeonnier tombait sans
crier gare chez une de ses amies à qui elle
avait expédié de Berlin, avec prière de la
lui garder, une caisse de bibelots et de

curiosités qui n'avait même pas été déballée; l'amie n'était pas une femme curieuse.

Marie Pigeonnier fut enchantée de retrouver ces objets dont elle allait pouvoir faire immédiatement de l'argent; et elle en avait bien besoin, car il ne lui restait que trois ou quatre louis.

On ouvrit la caisse.

Les deux amies en retirèrent notamment deux magnifiques pendules qui avaient dû pénétrer en Allemagne à la suite des uhlans.

Les vendre, ce serait dommage; on n'en trouverait pas leur valeur chez les marchands; un amateur pourrait les payer leur prix, mais on n'a pas toujours un amateur sous la main.

La plus sage détermination à prendre était de les porter au Mont-de-Piété, puisque Marie Pigeonnier n'avait qu'à faire face aux premières nécessités et que dans quarante-huit heures au plus tard elle trouverait à la poste restante une lettre lui anonçant un chèque énorme.

L'amie alla quérir le commissionnaire du coin, qui emporta sur son crochet les deux pendules, accompagné de Marie Pigeonnier.

On arriva au Mont-de-Piété, qui prêta sur l'une des pendules cent dix francs et sur l'autre quatre-vingts, soit en tout cent quatre-vingt-dix francs. Marie avait compté voir davantage; enfin elle accepta.

Il y avait de quoi se retourner, en somme.

En attendant, elle loua pour une quinzaine une chambre meublée de cent francs par mois, assez propre d'ailleurs pour un séjour provisoire; elle espérait être bientôt installée, et en attendant sa lettre de Berlin elle visitait les appartements à louer en passant.

Elle voyait en courant les marchands de meubles.

Elle avait presque fait son choix; elle ne voulait pas se presser cependant, afin de ne pas avoir à regretter un achat trop précipité.

Ses amis la revirent sans plaisir : ils s'en croyaient débarrassés ; elle leur retombait sur les bras. Non seulement la bourse était menacée, mais elle était rasante au possible, et quand, à l'odeur, lorsqu'on la sentait venir, on s'enfuyait.

XXII

Déception.

Ce fut seulement cinq jours après son arrivée à Paris que Marie Pigeonnier trouva à la poste restante la lettre si attendue.

Hélas! l'enveloppe ne renfermait qu'un simple billet ainsi conçu et signé d'un domestique belge qui la servait à Berlin.

Il lui annonçait que l'associée avait été arrêtée avant d'avoir eu le temps de mettre ordre à ses affaires, que la justice avait fait apposer les scellés pour la garantie des frais et pour celle du propriétaire et des créanciers s'il y avait lieu.

La maison fermée immédiatement, les domestiques renvoyés, comme l'expliquait fort bien le domestique, tout serait mangé; et comme Marie Pigeonnier serait forcée, si elle voulait faire valoir ses revendications, de venir en personne à Berlin, l'on ne manquerait pas de la pincer d'abord, de lui faire subir de longs mois de prison, des années peut-être, après quoi on la reconduirait à la frontière sans même écouter ses explications.

Quelle dégringolade!

La ruine demain!

La misère noire s'avançant à grands pas, avec son cortège hideux!

Ce n'était pas gai. Que faire?

Recourir aux générosités de ses anciens amis, mendier la pièce de cent sous quotidienne.

Ah! l'horrible déception après une si belle perspective!

La dèche l'épouvantait d'autant plus qu'elle se sentait perdue au théâtre et usée comme femme galante.

Secouée par la terreur d'un avenir pitoyable, elle ne désespéra pas de sortir de la *panne*.

Mais dans quelle... pommade elle se débattait!

Dehors elle faisait bonne contenance.

Elle avait le courage de paraitre partout souriante; on ne se serait jamais douté de ses angoisses, de sa rage intérieure, à la voir si alerte, si forte en blague.

La sagesse des nations n'a pas radoté — une fois n'est pas coutume — en déclarant qu'il valait mieux faire envie que pitié; aussi la Pigeonnier savait donner le change à ceux qui feignaient de s'intéresser à ses affaires.

Ce qu'elle consommait de fiel, ce qu'elle dévorait de bave, il y avait de quoi la faire engraisser du double.

Ah! quel beau jour que celui où elle pourrait cracher et sa bave et son fiel à la figure des arrivés, hommes et femmes, qui se moquaient d'elle.

Précisément, c'était là le chiendent.

En attendant ce beau jour, qui ne devait jamais arriver, elle se morfondait devant les portes où elle venait frapper et qui restaient obstinément fermées.

XXIII

Une revanche ratée.

Rageant de ne pouvoir au théâtre sortir de la médiocrité, envieuse toujours des succès des autres, condamnée à vivre obscure maîtresse d'un Saint-Galmier qui la garde par habitude comme une vieille robe de chambre, ne pouvant plus compter sur le charme de ses yeux pour achalander son alcôve, elle allait s'abandonner au désespoir, s'enterrer loin de Paris, et attendre la mort dans un trou.

Mais une femme ne renonce pas si facilement à ses vengeances.

Non pas qu'elle ait jamais été victime d'une de ces infamies, qu'on ne pardonne pas ; au contraire, dans toute sa vie, elle avait été l'objet de la part de tout le monde d'une bienveillance dont elle ne s'est certes jamais montrée digne.

Ce qu'elle ne pardonnait pas dans son orgueil, c'était l'indifférence du public à son égard et l'admiration dont il se montrait prodigue, et avec raison, envers telle ou telle ancienne camarade.

C'est qu'il n'est pas possible de s'imposer au public, on le trompe quelquefois, mais il ne tarde pas à s'en apercevoir, et quand il s'en aperçoit, c'est avec férocité qu'il manifeste sa mauvaise humeur.

Marie Pigeonnier néanmoins ne voulait point quitter la partie sans avoir essayé au moins de prendre sa revanche.

Elle se croyait méconnue comme actrice, sous ce rapport clle était de bonne foi.

Il suffirait de frapper un fort coup pour se révéler grande comédienne ; mais les directeurs la laissaient se morfondre dans leurs antichambres.

Elle se souvint d'une ancienne relation qui pourrait la tirer d'embarras.

C'était un auteur dramatique intermittent auquel elle demanda une pièce avec un beau rôle.

Elle se chargerait d'avoir un théâtre et une troupe.

L'auteur esquissa une grimace.

D'abord, parce que être joué par Marie Pigeonnier n'était point précisément le rêve.

Et puis, il était d'un paresseux, ce pauvre auteur.

Enfin, il promit de faire la pièce.

Il ne s'en tira même pas trop mal.

Les Parisiens revirent donc sur les colonnes Morris, en belle vedette, le nom de Marie Pigeonnier.

La presse, comme s'était son devoir, se rendit au théâtre dirigé par un homme de paille pour le compte de Marie.

Le drame, drame intime, trouva grâce devant la critique; mais on plaignit fort l'auteur d'avoir été interprété par une grue qui aurait fait si bonne figure dans un rôle de marchande de tripes.

Cela me rappelle un mot qui a couru sur elle.

Marie Pigeonnier sortait de chez Joanne,

le fameux marchand de tripes de l'avenue de Clichy; on l'arrêta sur la porte :

— Hé! madame, vous n'avez pas payé.

— Quoi donc, demanda-t-elle ?

— Parbleu! ce que vous emportez dans votre corset.

Le mot est resté.

Elle eut beau se monter le job, elle fut bien forcée de s'avouer, à la dégringolade des recettes, que si, comme elle se l'imaginait, elle avait plu autrefois, à présent elle avait absolument cessé de plaire.

Il lui fallait ronger sa rage, cacher sa veste et renoncer à la rampe.

Dure extrémité.

Marie avait la digestion difficile, et ce four lui resta sur l'estomac; elle ne l'a pas encore rendu à l'heure qu'il est.

La bile menaçait de l'étouffer.

Que faire! que faire!! que faire!!!

Au besoin, il lui restait de quoi se suffire, et puis, on la secourait de ci, de là, en souvenir des bonnes heures de sa jeunesse.

XXIV

Bas-bleu et jupon sale.

La tête qu'elle venait de piquer ne lui permettait pas d'essayer même de remonter sur les planches; au point de vue du théâtre elle était définitivement coulée, dégringolée dans le sixième dessous.

Elle en était là de ses réflexions intimes, quand elle fit, dans un restaurant d'ordre inférieur, la connaissance d'un tablier blanc, type de déclassé, qui après avoir été presque bachelier, avait fait une dizaine de métiers, et finalement avait pris la serviette.

Ce chevalier du pourboire lui fit un pompeux et étourdissant étalage de son savoir: il lui persuada qu'il était lettré.

Cette rencontre ouvrit de vastes horizons à Marie Pigeonnier. Elle n'hésita pas à lui narrer ses malheurs et à lui faire part de sa soif de vengeance.

Pourquoi n'imprimerait-elle pas toutes les ordures qu'elle gardait sur le cœur.

La littérature est encore le meilleur véhicule de l'envie et de la bave.

Seulement elle n'était pas assez sûre de son style.

Il lui faudrait un homme pour traduire en français ses idées et ses gredineries.

Ce garçon ne demandait pas mieux de quitter le tronc pour l'encrier ; Marie le nomma séance tenante son secrétaire.

Le lendemain elle se réveillait femme de lettres.

Elle se pénétra si bien de son rôle, qu'à partir de ce jour elle se négligea abominablement.

Sa blanchisseuse ne venait qu'une fois par mois, c'est à peine si la note montait à deux francs cinquante.

Comme propreté, elle se croyait encore obligée de se laver la figure et un peu les mains ; quant au reste... Péché caché est à moitié pardonné.

Elle possédait un meuble intime, sorte de guitare sans manche, ni cordes, et sur lequel caracolent les femmes qui ont quelque souci de leur... conservation ; Marie l'envoya à l'hôtel des ventes, comme superflu et encombrant.

Quand elle sue à présent, il se dégage autour d'elle une vague émanation qui rappelle l'odeur du moisi, du rance et du vieux fromage.

Le secrétaire se mit à l'ouvrage.

Marie faisait les courses.

Des feuilles peu dégoûtées accordèrent à sa copie une coupable hospitalité.

Reconnaissons que sa prose eut une vogue de mauvais aloi et que les exploiteurs littéraires surent faire avaler à force de réclame et aussi de scandale.

Sa chambre à coucher, son boudoir, son salon, étaient t]ransformés en cabinets de travail, car les commandes arrivant, elle avait pris deux secrétaires, l'ancien garçon de restaurant ne suffisant pas.

C'était une sorte de « commandite littéraire » ; elle faisait travailler aux pièces.

Patronne d'un atelier *à copie*, elle distri-
buait à chaque ouvrier sa part de lignes à
faire, et elle allait livrer l'ouvrage en
ville.

Bientôt ne trouvant pas le moyen de se
satisfaire dans les articles que publiaient
ses journaux, elle rêva de travailler pour
la postérité, réunissant sa commandite, elle
communiqua son projet, qui fut approuvé
avec enthousiasme.

Un éditeur malin se charge de l'édition,
et l'on travaille activement à ce bouquin
qui doit émerveiller et révolutionner la
France, que dis-je, l'Europe et les deux
Amériques.

Un peu plus à son aise, à présent, elle
espère que ce livre, qui doit paraître au
printemps prochain, la sauvera à jamais de
la dèche.

Quant à écrire une ligne elle-même,
cela lui est défendu comme à mon chien de
dire la messe.

Elle dirige une petite usine littéraire, et comme c'est une femme économe, elle taille elle-même des plumes à ses secrétaires, pour leur éviter une perte de temps; là se borne sa collaboration.

Comme il convient de faire connaître à fond la Pigeonnier bas-bleu, je vais reproduire une lettre, écrite entièrement de sa main, (autographe rare et précieux) — et qui date de sa vingtième année; j'en respecte le style et l'orthographe.

« LETTRE DE MARIE PIGEONNIER A UNE FAISEUSE D'ANGES »

« Ma chère dame,

« Ne me perdez pas. Bien que j'ai été cou-
« pable, vous seriez impliquée de complicité.
« L'acueil que je vous ai faite vous montre
« combien je suis disposée et favorable à
« votre égard. Je traverse un moment dur;
« si je peux, bientôt, comptez que vous rece-
« vrez la petite somme que vous me réclamez
« et qui me fait faute aujourd'hui.

« Je suis malade et couchée. Je souffre beau-

« *coup. Le médecin dit que j'ai un quiste au*
« *bas du dos. Vous devez savoir ce que c'est*
« *et vous rendre compte de ma position.*

« *Patientez donc, je vous en prie bien et je*
« *vous promet que ma première visite sera*
« *pour vous.*

« *En attendant, je suis toujours votre re-*
« *connaissante et bien dévouée,*

« Marie Pigeonnier. »

Qu'on juge de l'écrivain par cet échantillon.

Comme je le disais plus haut, les mauvais jours sont passés, et elle commence à présent à jouir d'une aisance laborieusement acquise.

Il ne lui reste de son passé qu'un souvenir vraiment cuisant : celui des trois mille francs du comte.

Ce bien-être et ce succès dureront-ils?

La justice boiteuse et tardive l'atteindra à son tour.

Tout se paye ici bas.

XXV

Commandite littéraire.

On ne se figure pas quel galimatias peut sortir de différentes plumes confectionnant à la tâche des pages de roman.

Marie y mettait sa note, sa marque de fabrique ; c'est-à-dire qu'elle agrémentait la prose idiote que pondaient ses secrétaires, de quelques expressions familières qui donnaient à l'ensemble du livre une physionomie typique.

Nous ne saurions mieux faire, pour donner à nos lecteurs une idée des produits de cette commandite littéraire, que de reproduire un chapitre au hasard d'un roman en cours de publication au rez-de-chaussée d'un journal en déconfiture.

Donc, lisez et soyez édifiés, chers lecteurs.

***

LA MARCHANDE DE GANTS

PAR MARIE PIGEONNIER

—

CHAPITRE III

L'arrière-boutique.

Clara était laborieuse.

De bonne heure à l'affût, elle n'éteignait son gaz qu'à près de minuit ; moment où elle allait consacrer à son amant de cœur tous les élans de son âme chaste.

Ses premiers pas avaient été agités, mais dorés.

En effet, elle avait accaparé un fils de famille riche, dont la fortune se fondait dans sa cuvette avec une vertigineuse étourderie.

La passion dominait ce garçon à le rendre fou ; il était en route pour l'idiotisme.

Ses parents, entrevoyant le gouffre qui s'ouvrait sous ses pieds, avec cet intérêt qui vient du sang, songèrent à enrayer cette dépravation dévorante.

On arracha le jeune homme au griffes de cette panthère cancéreuse, pour le jeter dans les bras d'une belle et douce enfant, qui l'attendait pleine d'amour.

Heureusement, le pauvre dompté avait un reste de bon sens.

Il comprit toute l'étendue de sa faiblesse, et jura de ne plus revoir l'ignoble accapareuse.

Le mariage s'accomplit rapidement , et le jeune Chériant fut un mari fidèle, dévoué et très amoureux.

La délaissée ne s'étonna ni ne se froissa.

Devenue libre, avec un petit sac, elle monta un coquet magasin de ganterie, dans un bon endroit, et attendit la fortune, qui entra de suite chez elle, et plusieurs fois par jour, par petites portions.

Ajoutons, pour finir l'histoire du mariage du jeune fils de famille, que le tapage causé par la rupture précipitée qui la jetait, pour ainsi dire, sur le trottoir, fit éclore une série de spirituelles persécutions dont Paris assaillait la maîtresse lâchée.

— Ah ! çà, s'écriait Sébastien Colle, au café Bordoni, elle nous embête cette fille ; elle parle de la Malibran comme d'une ancêtre par collage, honni soit qui Malibranle.

Clara débitait peu de gants, elle ne renouvelait jamais sa marchandise.

Les timides lui demandaient de la peau de Suède.

— J'en ai de plus douce à vous offrir, répondait-elle gracieusement.

Et le monsieur se laissait ganter.

Cela lui coûtait dix francs; le double s'il était de province.

Dès qu'un client était... ganté, s'il flânait trop dans le magasin, elle avait une façon exquise de le flanquer à la porte.

— Dis donc, vieux c..., est-ce que tu ne vas pas bientôt f... le camp?

Le client, riant aux larmes, saluait la gantière, et du ton le plus aimable :

— Au revoir, ma belle colombe, disait-il.

A qui le tour ?

Dans les premiers temps de son installation, elle avait un principal amant qui en pinçait ferme pour elle, et dont elle se moquait indignement.

C'était le fameux banquier Neutoc.

Pourtant, comme il avait du sang juif dans l'épiderme, il arriva qu'il se fatigua de se *fatiguer* pour rien et de casquer comme un daim.

Elle n'en fit pas le deuil.

N'avait-elle pas plus de clients qu'elle n'en pouvait contenter?

Elle appela son cénacle, sa galerie de singes; elle en avait vingt-deux réguliers par semaine, trois par jour et un de plus le vendredi, jour maigre; sans doute le mari d'une femme dévote qui ne voulait pas faire gras ce jour-là.

Ajoutez à cette clientèle sûre un casuel très important.

Ce qui était adorable, c'était l'accent touchant qu'elle prenait pour dire à chaque nouvel arrivé :

— « Ah! tu es le premier aujourd'hui; tu m'étrennes; hein! as-tu de la veine. »

Au fond, cette femme n'avait pas pour deux sous d'entrailles; c'était une grossière sceptique.

On raconte qu'un jeune frère se mourait chez elle; il lui fallait de l'air pur; et la chambre où il était couché servait de trou à fumier; on y laissait des vases de nuit pleins, des semaines entières; on y jetait les épluchures de la cuisine, les restes des assiettes; de vieux os pourrissaient dans les coins; partout des amas de poussière, d'ordure et de crasse; bref! l'atmosphère qui entourait le pauvre enfant était fétide, putride; un robuste y serait mort.

. . . .

Clara, devenue vieille, se saoûlait comme une salope, et le matin les balayeurs confondaient sa charogne vivante avec un tas d'immondices.

. . . .

MARIE PIGEONNIER.

XXVI

Le bilan infâme.

Je crois avoir assez fait connaître la fille, la femme, la proxénète, l'exploiteuse, la cabotine, le bas bleu.

Maintenant il me reste à résumer cette existence infecte et abjecte.

Marie Pigeonnier a toujours gardé rancune aux gens à qui elle avait cessé de plaire.

C'est ainsi qu'une de ces victimes, aujourd'hui au comble de la célébrité, même de la gloire, la chassa ignominieusement de chez elle dès qu'elle s'aperçut du trafic dégoûtant dont elle était l'objet.

Ce fut Marie qui lança cette malheureuse dans le vice et qui percevait sa commission sur les affaires qu'elle emmanchait, et faillit, en jetant sa jeune amie dans la dernière débauche, compromettre son avenir.

L'apprentie, écœurée du rôle infâme que Marie Pigeonnier jouait près d'elle, lui signifia un beau matin d'aller exercer son sale métier ailleurs.

Inde iræ, comme on dit dans les nouveaux lycées de jeunes filles !

Jamais elle n'a éprrrrouvé la moindre sensation au contact d'un homme.

Elle eut quelques amies avec lesquelles elle finissait toujours par se brouiller, car elle les lassait par ses exigences ; elle était bonne camarade, tendre, affectueuse tant qu'on casquait ; autrement, bonsoir.

On a connu notamment ses relations avec Emma Destigres, qui l'adorait.

Marie savait convaincre Emma.

— « Ah ! lui disait-elle, tu es bien la prrremière femme qui... la... que... qui... Ma chèrrre Emma ! Dis-moi, est-ce bien ainsi ? »

Emma était heureuse, comme jadis la Bourgogne.

Pendant d'assez longs mois, le ménage marcha bien.

Mais tout lasse, tout passe, tout casse ;

Emma Destigres devenait pingre ; et alors, comme dit Sébastien Colle, plus d'argent, plus de cuisse.

Le torchon brûlait, la Pigeonnier s'envola.

Mon héroïne, mon ex-maîtresse, ne pardonnait jamais un bienfait qu'elle avait reçu.

Elle l'a même toujours payé d'une vengeance ; mais de même que ceux qui crachent en l'air voient leur bave leur retomber dans le bec, de même les coups, qu'elle croit administrer aux autres, lui retombent sur le dos et finiront par lui casser les côtes.

Beau cadeau que nous a fait la Belgique.

Ah ! si je révélais la consultation que lui donna une de nos illustrations chirurgicales, dont j'étais alors le disciple, elle n'y survivrait point. Je n'aurai pas cette cruauté ; je préfère lui donner un exemple de générosité.

XXVII

La fin d'un chameau

Le chameau vieilli, sans souffle, traîne péniblement ses misérables jours sur le sable dévorant du désert; il y meurt, et bientôt sa carcasse paraît dans le lointain comme un buisson désséché.

Marie Pigeonnier a déjà un pied dans le sable.

Nous la retrouverons quelque soir de carnaval, offrant au coin d'une rue bien noire des baisers puants aux avinés de barrières; elle mourra sous un banc, la tête sur un tas d'ordures, dans ses guenilles affreuses; on ramassera son corps infect, on le jettera dans un tombereau pour le porter à la Morgue.

E finita la Commedia!

ÉPILOGUE

La morale de cette histoire, la voici :

Quand une femme a vécu de la plus basse prostitution ;

Quand elle a exploité les vices de ses contemporains ;

Quand elle est descendue aux derniers échelons de l'avilissement moral et physique ;

Quand elle a engraissé dans la débauche la plus immonde ;

Quand elle a été toute sa vie, et cela au début même de sa vie, proxénète et chevalière d'industrie ;

Quand elle a été tout cela et bien autre chose encore ;

Ce qu'elle a de mieux à faire, c'est de se taire.

Avant de trouver les autres morveux, on se mouche.

Dixi !

TABLE

—

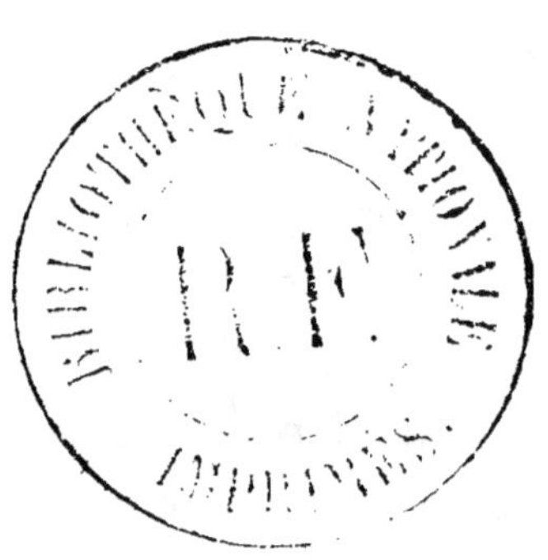

Paris. — Imp. Nouvelle (assoc. ouvrière), 11, rue Cadet. — 1519